VENTE

En partie par suite de décès

OBJETS D'AMEUBLEMENT

MODERNES ET ANCIENS

Jolis Meubles, style Louis XVI, ornés de bronzes, Crédence, Buffets, style Renaissance, en bois sculpté, Sièges, Glaces, Meubles anciens en acajou, Bronzes d'art, Pendules et Candélabres Louis XVI, Buste de Napoléon Ier en marbre, par Canova, Garnitures de Cheminées, Statuettes, Suspensions.

CURIOSITÉS, ANTIQUITÉS, MONNAIES

Bijoux, Objets de vitrine, Cadres miniatures

TAPISSERIES ET RIDEAUX

TABLEAUX, DESSINS, GRAVURES

Œuvres attribuées à RUBENS, OUDRY, LA TOUR, etc.

LIVRES

Belle Garde-Robe d'Homme

HOTEL DROUOT, SALLE N° 1

Le Vendredi 1er Février 1895, à 2 heures

Commissaire-Priseur	Expert
Me Maurice DELESTRE	**M. B. LASQUIN**
Rue Drouot, 27	*Rue Laffitte, 12*

CHEZ LESQUELS SE TROUVE LE CATALOGUE

EXPOSITION PUBLIQUE

Le Jeudi 31 Janvier 1895, de 1 h. 1/2 à 5 h. 1/2

IMPRIMERIE MAULDE ET RENOU

A. MAULDE & Cie

IMPRIMEURS DE LA COMPAGNIE DES COMMISSAIRES-PRISEURS

Rue de Rivoli, 144

CONDITIONS DE LA VENTE

Elle sera faite au comptant.

Les Acquéreurs paieront CINQ POUR CENT en sus des enchères.

A Maulde et Cie, imprimeurs de la Compagnie des Commissaires-Priseurs
rue de Rivoli, 144. 100—47964

DÉSIGNATION

MEUBLES

1 — Joli Bureau de dame dit bonheur-du-jour, de style Louis XVI, en bois rose finement marqueté, orné de peintures sur porcelaine genre Sèvres, et garni de bronze ciselé et doré; les côtés forment étagères avec tablettes de marbre brocatelle; l'intérieur est également marqueté et forme pupitre.

2 — Belle Table de salon, de style Louis XVI, en acajou, à pieds fuselés en forme de carquois, reliés par deux arcs formant entre-jambes en bronze ciselé et doré. Dessus de marbre brocatelle.

3 — Meuble à deux corps, de style Renaissance en noyer sculpté, à figures, médaillons, niches et ornements.

4 — Buffet à deux corps à crédence, en noyer sculpté, de style Breton, à rosaces et feuillages.

5 — Bibliothèque à deux corps en noyer sculpté.

6 — Table en marqueterie et bronze doré.

7 — Deux Gaines carrées, ajourées, garnies d'ornements en fer forgé.

8 — Armoire à glace à trois portes en bois laqué.

9 — Toilette en bois laqué, décorée d'ornements en bleu, dessus de marbre.

10 — Un Canapé, deux Fauteuils et quatre Chaises en palissandre et velours frappé, genre Louis XV.

11 — Paravent japonais laqué.

12 — Buffet à deux corps et à crédence, de style Louis XIII, en noyer finement sculpté et ébénisterie très soignée.

13 — Dressoir de même style, avec dessus de marbre rouge.

14 — Table en noyer à pieds balustres en noyer sculpté.

15 — Six Chaises en bois courbé et garnies de cuir.

16-17 — Deux Glaces à bordures Louis XV, en bois doré.

18 — Petite Table de nuit ancienne.

19 — Table ronde à trois pieds, en acajou, à dessus de marbre blanc.

20 — Petit Bureau Louis XVI, à cylindre, en acajou.

21 — Petite Console de l'époque Louis XVI, à côtés concaves, en acajou, à cannelures ornées de bronzes; dessus de marbre avec galerie de cuivre.

22 — Une Chaise longue et deux Fauteuils garnis de reps.

23 — Divan à dossier garni de reps.

24 — Deux Feuilles d'écrans en broderie de soie de couleurs de la Chine, avec encadrements en bois de fer incrusté de burgau.

25 — Deux Potiches en porcelaine à décor, de style Japonais.

26 — Petite Console Louis XVI en acajou, à dessus de marbre.

27 — Deux petites Glaces avec bordures Louis XVI, à frontons sculptés à attributs.

28 — Bergère Louis XVI en bois laqué blanc, garnie de velours rouge.

29 — Fauteuil Louis XV en bois sculpté.

30 — Fauteuil de bureau en bois noir garni de velours frappé vert olive.

31 — Triptyque ou Paravent japonais en bois sculpté et laqué en couleurs.

32 — Meuble annamite en bois de fer incrusté de burgau, de travail ancien.

SCULPTURES & BRONZES

33 — Statuette de jeune Femme nue portant dans ses bras un vase garni de fleurs, sculpture en bois de l'époque de la Renaissance. Haut. : $0^{m}27$.

34 — Buste de Napoléon Ier, grandeur naturelle, marbre blanc sculpté de Canova, avec fût de colonne en marbre bleu turquin.

35 — Belle Garniture de cheminée de l'époque L. XVI, composée d'une Pendule à colonnes et d'une paire de Candélabres à trois lumières, en bronze finement ciselé et doré.

36 — Flambeau de bouillotte à trois lumières, en bronze ciselé et doré, fin Louis XVI.

37 — Jolie petite Pendule en bronze ciselé et doré, mouvement reposant sur un lion, patine vert antique. Époque Louis XVI.

38 — Paire de beaux Chenets en bronze, chinois et chinoises reposant sur des rocailles. Epoque Louis XV.

39 — Statuette de l'*Amour*, bronze, d'après Coutan. Rome, 1875.

40 — Deux Candélabres formés chacun d'une statuette d'égyptienne debout, en bronze, supportant des bouquets à cinq lumières.

41 — Pendule de style Renaissance en cuivre poli.

42 — Suspension de Salle à manger, forme carrée, en cuivre poli et ajouré.

43 — Garniture de foyer de style Renaissance, en fer forgé, comprenant : deux Landiers et une Grille garde-feu.

44 — Pendule en marbre noir, surmontée d'un groupe en bronze : *Nymphe et faune enfant*, d'après CLODION.

45 — Deux Candélabres à cinq lumières, en bronze, accompagnant la Pendule qui précède.

46 — Lampadaire à gaz formé d'un vase monté sur une colonne, style Néo-Grec, en bronze.

47 — Jardinière de Suspension formant lustre, à neuf lumières, en bronze et faïence artistique.

48 — Suspension de Salle à manger, genre Louis XIII, en cuivre poli.

49 — Pendule et deux Candélabres à cinq lumières, en marbre noir et bronze. La Pendule surmontée d'un sujet de deux figures.

50 — Flambeau en cuivre, de style Bysantin, orné d'une salamandre.

51 — Paire d'Appliques Louis XVI à une lumière, l'une ancienne, l'autre surmoulée sur la première.

52 — Porte-Allumettes applique en bronze de BARBEDIENNE.

53 — Pendule en marbre surmontée d'un cheval de course, en bronze.

54 — Cheval en bronze de FRATIN.

ANTIQUITÉS, MONNAIES ET MÉDAILLES

55 — Collection de Monnaies et Médailles antiques, françaises et étrangères, environ 1,200 pièces. (Sera divisé.)

56 — Collection de Jetons anciens, 65 pièces. (Sera divisé.)

47 — Antiquités, Anneaux, Cachets, Clefs, Fibules, etc.

58 — Huit Pièces bronze et pâte de verre.

BIJOUX, OBJETS DE VITRINE

59 — Boutons de manchettes en platine et or.

60 — Sept boutons de chemise en or.

61 — Médaillon, monture en or.

62 — Deux Bagues en or émaillé avec roses et rubis.

63 — Deux Porte-Mines, Cachet, en bronze argenté.

64 — Chaîne en or, une Epingle tortue, Boutons en argent, garnis de roses.

65 — Montre en or à remontoir.

67 — Nécessaire de fumeur, Ustensiles de bureaux, Presse-Papier, Couteaux, 14 pièces. (Sera divisé.)

68 — Objets d'étagère, Cannes et Fleurets.

69 — Deux petites Peintures sur cuivre : Portraits du temps de Louis XIII.

70 — Une petite Peinture sur cuivre : Portrait de Femme à collerette Médicis.

71 — Miniature : Portrait d'Homme, époque Louis XIV.

72 — Eventail Louis XVI avec feuille peinte à la gouache et ornée de paillettes, monture en nacre rehaussée de dorure.

73 — Petite Peinture : Portrait d'Homme dans un cadre Louis XIII, en bronze.

74 — Douze Boutons Louis XVI, miniatures fixées sous verre.

75 — Email translucide de Limoges : Sujet religieux. Cadre cintré.

OBJETS DIVERS

76 — Cinq petits Cadres à photographies, de styles Louis XV et Louis XVI, en bois sculpté.

77 — Joli Cadre à calendrier, de style Louis XVI, en bois très finement sculpté et doré.

78 — Un lot de Cadres à miniatures.

79 — Deux Compotiers, forme coquille, en porcelaine de Locré.

80 — Cinq Albums japonais.

81 — Tableau de divers types de clous anciens.

82 — Jumelle de campagne.

83 — Vase de Castel-Durante monté en lampe à gaz.

84 — Corbeille formée de cailloux du Rhin taillés.

85 — Treize Pièces sculptures en os provenant d'un ancien coffret vénitien.

86 — Deux Médaillons ovales, portraits de profil d'Homme et de Femme Louis XV.

TAPISSERIES ET ÉTOFFES

87 — Deux Panneaux en tapisserie moderne d'Aubusson, à fleurs et ornements, de style Louis XVI.

88 — Tapisserie de Flandre tissée de soie, à sujet de verdure avec oiseaux.

89 — Tenture en cuir genre Cordoue, de chez Dulud.

TABLEAUX ET DESSINS

90 — **Baudouin** (?). *Perrette*, scène d'intérieur, sujet gravé par Gutemberg.

91 — **Bailly** (?). Portrait de Femme, en buste, de face.

92 — **Boucher** (D'après). Pastorale. Cadre en bois.

93 — **Budelot.** Deux petits Paysages, avec figures et bestiaux, sur toile.

94 — **Fragonard** (H.). *La Fuite à dessein.* Dessin à la sanguine. Cadre ancien.

95 — **Largillière** (?). Portrait d'Homme en buste tenant une miniature, portrait de Femme.

96 — **La Tour** (Maurice-Quentin de), 1757. Portrait d'un Acteur, en buste, le visage souriant, perruque poudrée, habit de velours noir, les mains dans un manchon de fourrure. Pastel : haut. $0^{m}65$; larg. $0^{m}53$. Cadre de l'époque.

97 — **Monnet.** *Jupiter et Io.* Gravure par Vidal. Superbe épreuve avec le privilège.

98 — **Monnoyer** (Attribué à Baptiste). Fleurs dans un vase et une corbeille posés sur une table. Sur toile. Cadre sculpté.

99 — **Matifas.** Paysage : *La Moisson.*

100 — **Oudry** (1681-1755). Nature morte : Chevreuil, Canard et Légumes. Toile : haut. 1 mètre ; larg. $1^{m}50$. Cadre doré.

101 — **Petit** (Eugène). Deux Paysages.

102 — **Raoux** (Attribué à). Jeune Femme à une fenêtre. Allégorie.

103 — **Rigaud** (D'après). Portrait de Louis XIV. Gravure dans un cadre en bois sculpté de l'époque.

104 — **Rubens** (Attribué à). *Diane chasseresse suivie de ses nymphes.* Belle composition exécutée selon toute vraisemblance dans l'atelier du maître.

105 — **École anglaise.** Deux petites Gravures de forme ovale : *les Jeux de l'Enfance.*

106 — **École française** (XVIIe siècle) : *Sainte Cécile.*

107 à 114 — **École française** (XVIIIe siècle). Huit Portraits de Femmes en costumes variés de l'époque Louis XV : *le Thé, le Café, les Saisons*, etc. (Seront vendus par deux.)

115 — **École française**. Portrait de Femme, époque Louis XIII.

116 — **École française**. *La Promenade aux remparts.*

117 — **École française** (XVIIe siècle). Portrait d'Homme Louis XIII.

118 — **École française** (XVIIe siècle). Portrait d'Homme revêtu de la cuirasse.

119 — **École française** (XVIIe siècle). *Le Savetier et le Rétameur.*

120 — **École hollandaise**. Réunion de personnages hollandais.

121 — **École espagnole**. Portrait d'une Gitane. Cadre en bois sculpté et doré de l'époque Louis XIV.

GRAVURES ET DESSINS

122 — Plusieurs cartons de Gravures et Dessins, pièces sur l'Architecture, Aquarelles, Vues de Rome et de l'Italie, Photographies, Ouvrages divers de Percier, Fontaine et autres.

123 — Dessins anciens, Vignettes et Sépias, Gravures anciennes. (Sera divisé.)

LIVRES

124 — E. Reclus. *Don Quichotte*, Quantin, Durward, Saintine, A. de Musset, Molière, Œuvres de Napoléon III, Ch. Nadier, de Beauchesne, *les Châteaux de France*, etc.

125 — Belle Garde-Robe d'Homme et Linge de corps.

www.ingramcontent.com/pod-product-compliance
Lightning Source LLC
LaVergne TN
LVHW021712230826
846092LV00002BA/967

* 9 7 8 2 3 2 9 5 9 0 7 4 5 *